VENTE A PARIS

Le Jeudi 27 Mars 1902

Hotel Drouot, Salle 8

COLLECTION DE M. DE MAGNEVAL

AMATEUR LYONNAIS

PREMIÈRE PARTIE

MÉDAILLES ARTISTIQUES

MÉDAILLES FRANÇAISES & ÉTRANGÈRES

COMMISSAIRE-PRISEUR :	EXPERT :
Me Maurice DELESTRE	M. Étienne BOURGEY
Rue Saint-Georges, 3	Rue Drouot, 19

COLLECTION DE M. DE MAGNEVAL

AMATEUR LYONNAIS

PREMIÈRE PARTIE

MÉDAILLES ARTISTIQUES

MÉDAILLES FRANÇAISES & ÉTRANGÈRES

VENTE AUX ENCHÈRES PUBLIQUES

A Paris, Hotel des Commissaires-Priseurs, rue Drouot, 9

SALLE N° 8 AU 1er ÉTAGE

LE JEUDI 27 MARS 1902

A 2 HEURES PRÉCISES

EXPOSITION UNE HEURE AVANT LA VENTE

COMMISSAIRE-PRISEUR :	EXPERT :
Me Maurice DELESTRE	M. Étienne BOURGEY
Rue Saint-Georges, 5	Rue Drouot, 19

PARIS

Exposition particulière :

Les 24, 25 et 26 Mars, chez M. Étienne Bourgey, expert, 19, rue Drouot. (Téléphone 274-64.)

Exposition publique :

Le Jeudi 27 Mars, Hôtel des Ventes, salle 8, une heure avant la vente.

La vente aura lieu au comptant.

Les acquéreurs paieront dix pour cent en sus des enchères.

L'exposition mettant les acheteurs à même de juger de la qualité des pièces, aucune réclamation ne sera admise aussitôt l'adjudication prononcée.

M. Étienne Bourgey, 19, rue Drouot, se charge, aux conditions habituelles (5 0/0 sur la limite), des commissions qui lui seront confiées.

L'ordre du catalogue sera suivi ou non. L'expert se réserve le droit de diviser ou de réunir les lots.

MACON, PROTAT FRÈRES, IMPRIMEURS

COLLECTION DE M. DE MAGNEVAL

AMATEUR LYONNAIS

MÉDAILLES ITALIENNES

1 *Alphonse V. d'Aragon.* 1416 + 1458. ALPHONSVS.REX.REGIBVS.IMPERANS ET BELLORVM VICTOR. Buste cuirassé, à dr. ; au-dessous la couronne royale. ℟. CORONANT.VICTOREM REGNI MARS ET BELLONA. Le roi vêtu à la romaine assis entre Bellone et Mars qui le couronnent. Au-dessous : CHRISTOPHORVS.HIERIMIA (nom du graveur). (Armand, I, p. 31.) Br. 73 mm. B.

2 *Camilla Sforza.* + 1499. CAMILLA.SFOR.DE.ARAGONIA.MATRONAR.PVDICISSIMA.PISAVRI.DOMINA. Buste de 3/4 à g. recouvert d'un voile. ℟. SIC.ITVR.AD.ASTRA.OPVS.SPERANDEI. Femme assise entre une licorne et un chien, tenant une flèche et un serpent (Armand, I, p. 74, 43). Plomb. 78 mm. B.

3 *Inconnue.* LVCR. SENEN. Buste de femme à dr. coiffée d'une résille, une chaîne avec croix au cou. ℟. lisse. Br. 54 mm. TB.

4 *Faustine.* FAVSTINA.RO.O.P. Buste à g. avec une résille. ℟. SI.IOVI.QVID.HOMINI. Léda avec le cygne (Armand, II, 170, 32). Br. 48 mm. TB.

5 *l'Arétin.* DIVVS.PETRVS.ARETINVS. Buste barbu, à dr. avec pelisse et chaîne de cou. A l'exergue A.V. (Alessandro Vittoria). ℟. I.PRINCIPI.TRIBVTATI . DAI . POPOLI . IL . SERVO . LORO . TRIBVTANO. Guerrier et autres personnages apportant des présents à l'Arétin assis sur un trône (Armand, II, p. 297, 1). Br. 57 mm. TB.

6 *l'Arétin.* DIVVS.P.ARRETINVS.FLAGELLVM.PRINCIPVM. Buste barbu, à g. drapé à l'antique. ℟. VERITAS.ODIVM.PARIT. dans une couronne de laurier (Var. de Armand, I, p. 162, 3). Br. 35 mm. TB.

7 *Bernardino India,* peintre véronais, travaillait de 1568 à 1584. BER-

NARDINVS.INDIVS.PICTOR.V. Tête nue, barbue, à g. R'. ALEXANDER.VICTORIA.SCVLPTOR. Buste drapé, à g. (Armand, II, p. 274, 5, donne le droit et ne cite le revers que d'après Maffei). Br. 53 mm. TB.

8 *J. F. Trivulce*. IO.FRAN.TRI.MAR.VIG.CO.MVSO.AC.VAL.REN.ET.STOSA.D. Buste nu, barbu et cuirassé, à dr. R'. FVI.SVM.ET.ERO. La Fortune debout sur la mer, entourée de dauphins et de tritons. En haut, deux zéphyrs (Armand, II, p. 302, 13 *bis*). Br. 59 mm. TB.

9 *Ippolita Gonzaga*, femme d'Antonio Carraffa. HIPPOLYTA GONZAGA FERDINADI.FIL.AN.XVI. Buste à g. natté, avec un collier. Derrière : ΛΕΩΝ.ΑΡΗΤΙΝΟΣ (le graveur Leone Leoni). R'. PAR. VBIQ.POTESTAS. Diane sonnant du cor, entourée de chiens. Derrière elle Pluton et Cerbère (Armand, I. 163, 7). Br. doré 67 mm. Très belle médaille.

10 *Girolamo*. HIE.DE.SANCTO.GEMINIANO.S.APS. Buste à g. avec calotte et longue chevelure. R'. GEMINIO.DICATVM. Pégase à dr. (Armand, II, p. 52, 22). Br. 49 mm. TB.

11 *Philibert Pingone*, historien 1526 + 1582. PHILIB.PINGONIVS.CVSIACI. BARO.SAB.R. Buste fraisé, à dr., sur la tranche du bras : 1574. R'. SAPIENTER.AVDE. Un aigle et un paon sur un arbre (Armand, I, p. 262, 2). Br. 48 mm. B.

12 *André Doria*. ANDREAS.DORIA.PP. Buste nu, barbu, cuirassé avec écharpe à dr. ; derrière, un trident. R'. sans légende. Galère à dr., et barque. (Armand, I, p. 164, 9). Br. 43 mm. TB.

13 *Castaldi*. Général de Charles-Quint + 1562. IO.BA.CAS.CAR.V.CAES. FER.BO.REG.ET.BOE.RE.EXERCIT.DVX. Buste à g. avec longue barbe. Sous l'épaule ANIB (Annibal de Trente, graveur). R'. TRANSILVANIA CAPTA. Femme nue assise à dr. Derrière, un trophée. Au bas MAVRVSCIVS (Armand, I, p. 175, 1). Br. 44 mm. B.

14 *Galéas Sforza*, et son père. FR.SFORTIA.VICECOMES.MLI.DVX.IIII.BELLI. PATER.ET.PACIS.AVTOR.MCCCCLVI. Buste à dr. de François Sforza. Dans le champ, V-F. R'. GALEAZ.MARIA.SFORTIA.VICECOMES.FR.SFORTIAE.MLI. DVCIS.IIII.PRIMOGENTS. Buste à g. de Galeas. Dans le champ, V-F. MDCCCC-LVIIII (Armand, I, p. 44, 6, 7). Br. 43 mm. TB.

15 *Inconnu*. OCVLI.MEI.SEMPER.AD.DOMINVM. Buste barbu, cheveux courts et poitrine nue, à dr. R'. lisse (Armand, III, p. 235). Br. 44 mm. B.

16 *J.-F. Gonzaga*. IOHANNES.FRANCISCVS.GONZ. Buste à g. R'. FOR.VICTRICI. La Fortune entre Mars et Minerve. A l'exergue, ANTI (l'Antique, graveur). (Armand, I, p. 62, 1.) Br. 39 mm. TB.

17 *P.-L. Farnèse*. P.LOYSIVS.FAR.PAR.ET.PLAC.DVX.I. Buste barbu et cuirassé, à dr.; dessous, Δ. R'. AD.CIVITAT.DITIONISQ.TVTEL.MVNIM.

EXTRVCTVM. Vue cavalière de la citadelle de Parme (Armand, I, p. 222, 39). Br. 36 mm. AB.

18 AMADEVS.DE.SABAVDIA. Buste jeune, fraisé et drapé, à g. ℞. Sans légende. Guerrier entouré de femmes dans l'attitude du respect. Plomb, ovale 40 + 50 mm. TB.

19 *Alexandre Farnèse.* ALEXANDER.CARD.FARN.S.R.E.VICE.CAN. Buste à dr. Sur la tranche du camail : IO.V.MILON.F. ℞. FECIT.ANNO.SAL.MDLXXV. ROMAE. Façade de l'église du Gesù (Armand, I, p. 264, 3). Br. 47 mm. TB.

20 *I.-F. Marascha.* IO·F·MARASCHA·ACOLY·ET·L·A·ABBREVIAT· Buste à g., avec une calotte sur la tête. ℞. ΕΛΠΙΞΕΙ. Enfant nu, debout, levant le bras vers une étoile et tenant une corne d'abondance (Armand, I, 55, 3). Br. 38 mm. TB.

21 HIERONIMVS.VALERIANVS.VERONENSIS.PHISI. Tête d'homme à g. ℞. REMVNERATIO.FILII NATVRAM.IMITANS. Personnage vêtu à l'antique, assis, à g., tenant une statuette. Br. 37 mm. TB.

22 PETRVS.GYRON.OSS.DVX.&.VRENIÆ.COM. Buste à dr., fraisé et cuirassé. ℞. PRIMVS.ET.IRE.VIAM. Cheval cabré, à g. Br. 44 mm. TB.

23 *Federigo Asinari.* FEDERICVS.ASINARIVS.CO.CAMERANI. Buste à dr., fraisé et cuirassé. Derrière : PPR (le graveur *Pietro Paolo Romano*). ℞. FRENAT.VIRTVS. Cheval galopant, à g. (Armand, I, p. 227, 1). Br. 68 mm. Superbe médaille.

24 *Pic de la Mirandole.* VIRGINIVS.CÆSARINVS.IO.PICVS.MIRANDVLAN. Deux bustes laurés et conjugués, à dr. ℞. ALTERA.ROMÆ. Deux aigles éployés, regardant à dr. Br. 45 mm. B. Rare.

25 EN.BONI.VATIS.FOCVS. Buste lauré, habillé et drapé, à dr. ℞. Incus. 48 mm. TB.

26 *Caimo.* Jurisconsulte milanais vers 1556 et 1570. ALEXAND.CAYMVS.P. PAVLI.F.MEDIOL.I.V.D.ET.BON.ART.AMATOR.MDLVI. Buste habillé, à g. ℞. OPTANDA.NAVIGATIO. Barque sur la mer, montée par deux hommes (Armand, II, p. 203, 2). Br. 46 mm. Superbe.

27 IO.CORNELIVS.DVX.VENET.OBIIT.A.D.MDCXXIX. Buste à g., avec le bonnet de doge et le camail brodé. ℞. ÆTERNÆ.IN.PATREM.OPTIMVM OBSERVANTIÆ.MEMORIAM.EXTARE.VOLVIT.IN.HOC.METALLO.VVLTV.EIVS.EXCVSO. FEDERICVS.CARD.CORNELIVS.ROMÆ.AN.DNI.MDCXXXXVII, en neuf lignes dans le champ. Br. 46 mm. TB.

28 *Lorédan*, doge de Venise. LEONAR.LAVREDANVS.DVX.VENETIAR.ET.C. Buste à g., coiffé du bonnet ducal. ℞. AEQVITAS.PRINCIPIS. L'Équité debout, à g. (Armand, II, p. 124, 1). Br. 61 mm. (attribué à Camelio). B.

29 FRAN.MAVROCENO.EQ.D.M.S.N.PROC.CONT.TEMP.III. Buste à longs cheveux avec moustache et barbiche, coiffé d'une calotte et drapé, à

dr. ℟. SPARGET . ET . VLTRA. La Renommée vêtue en guerrier planant. Devant elle, un globe. Br. 40 mm. TB.

30 ALOISIVS . PRINCEPS . DVX . MONTIS . ALTI . ET . ALCALA . REGNI . SICILIÆ . PRORE[x] . Buste nu, cuirassé et drapé, à dr. ℟. IN . OMNIBVS . EGO . MDCXXXVIII. La Justice assise, à dr. tenant une colonne et des balances. Br. 60 mm. Méd. formée de deux plaques soudées. TB.

31 Même légende et buste. Plaque. Br. 60 mm. TB.

32 *Don Juan d'Autriche.* IOANNES . AVSTRIÆ . CAROLI . V . FIL . ET . SV . ANN . XXIIII. Buste fraisé et armé, à g. ; dessous, IO . V . MILON . F . 1571. ℟. CLASSE . TVRCICA . AD . NAVPACTVM . DELETA . DIE . 7 . OCTOBR . 1571. Statue sur une colonne destrale. Au fond, les flottes turque et chrétienne en présence (Armand, I, p. 264, 1). Br. 39 mm. TB.

33 ERNESTVS . CO . MANS . MAR . . . . . Buste à dr., avec collet, cuirasse et manteau. ℟. FORCE M EST TROP. Écu couronné, écartelé aux armes de Mansfeld. Br. 48 mm., avec bélière. Légèrement ébréché. B.

34 *François de Médicis.* FRANCISCVS MEDICES F PRINCEP. Buste cuirassé et drapé, à dr. Sous le buste, 1560 P. ℟. incus. Belle médaille de Pastorino. Br. 63 mm.

35 *Fontana.* Architecte. DOMINIC . FONTANA . CIV . RO . COM . PALAT . ET . EQ . AVR. Buste barbu et fraisé, à dr. ℟. IVSSV . SIXTI . V . PON . OT . MAX . EREXIT . 1589. Quatre obélisques (Armand, II, p. 263, 6). Br. 38 mm. TB.

36 *Cosme Ier de Médicis.* COSMVS . MED . FLOREN . ET . SENAR . DVX . II. Buste nu, cuirassé et drapé, à dr. ℟. QVO MELIOR OPTABILIOR. Fontaine surmontée de la statue de Neptune et aqueduc (Armand, II, p. 199, 16). Br. 41 mm. TB.

37 VINC . D . G . DVX . MAN . IIII . E . MON . F . II. Buste fraisé, cuirassé et drapé, à g. ℟. SIC, dans un croissant. Br. 33 mm. TB.

38 S . ROMVALDO . ET . OMNIBVS . SS . MONACHIS . S . BENEDICTI. Buste du saint nimbé aux 3/4, à dr. ℟. CIƆIƆCXXXI . VII . ID . FEBR . DESID . BARDELLONIVS . ABB . PROC . G . CAMALDVL . CORDA . ET . ECCLESIAM . D . VRB . VIII . P . M . FAVENTE . P . CARD . CAMPOREO . PROT . L . CARD . BISCIA . PROT . AVREL . POLICANTE . ABB . GEN . en dix lignes. Br. doré 50 mm. TB.

39 *Inconnue.* Sans légende. Buste de femme à mi-corps, à dr., avec collier et draperie couvrant les seins et flottant à l'arrière, laissant l'épaule à découvert. Plaque 66 mm. Admirable travail. TB.

40 *François de Médicis.* 1574 + 1587. FRANCISCVS . MEDICES . D . PRINCEPS. Buste juvénile, à dr., cuirassé. Plaque br. doré, 94 mm. TB.

41 *Sbaralba* et *Malpighi.* Célébrités bolonaises. Tête de Marcellus Malpighi, à g. Au revers de celle de Jérôme Sbaralba, à g. Br. 34 mm. TB.

42 CYRVS FERRVS . PICT . ET . ARCHIT. Buste à longs cheveux, drapé, à dr. ; à l'exergue, ÆTATIS 46 . 16 ⁎ 0. ℟. IN . VTRAQVE . CYRVS. La Peinture et

l'Architecture unies, à dr. ; à l'exergue, M. SOLDANVS. F. Br. 65 mm. TB.

43 *Maratti*, peintre. CAROLVS. MARATTVS. Buste drapé, à dr. ℞. ARS. GENIVS-QVE SIMVL. Génie ailé et la déesse de la peinture. Br. 65 mm. TB.

44 *Le Bernin*. EQVES. IOA. LAVRENT. BERNINVS. ETATIS. SVE. ANNO. 76. Buste drapé, à dr., signé F. CHERON. ℞. SINGVLARIS. IN. SINGVLIS. IN. OMNIBVS. VNICVS. Le Bernin, vêtu à l'antique, dirigeant les travaux de l'architecture, de la sculpture et du dessin, personnifiés par trois femmes. Br. 73 mm. TB.

45 *Manfredi*. Astronome bolonais. Son buste vêtu, à dr., avec une perruque bouclée. ℞. AD. SIDERA. FERTVR. Uranie assise. Au bas, BAPATTINO. Br. 68 mm. TB.

46 *César Ignace*, prince d'Este. Son buste à g. ℞. CANDORE ET. CONSTANTIA. L'aigle de Modène. Br. 42 mm. TB.

47 *Lavori*. PHIL. LAVORVS. ROMANVS. PICTOR. Buste drapé, à dr. ℞. Le peintre reproduisant un antique. Br. 54 mm. TB.

48 *François Ier*, duc de Parme. Buste à dr. ℞. La Religion et la Justice assises en regard. Br. 52 mm. TB.

49 *Léopold*, grand-duc de Toscane. ℞. Le prince recevant les hommages de ses sujets. Br. 62 mm. TB.

50 *Léopold*, grand-duc de Toscane. Son buste cuirassé, à dr. ℞. L'Abondance. Br. 60 mm. TB.

51 Hercule cueillant les pommes des Hespérides. ℞. NEAPOLIS. MALVASIÆ. Le port de Malvoisie abordé par des vaisseaux. Légende en sept lignes, à l'exergue. Br. 44 mm. TB.

52. *Caracche* (Annibal), peintre bolonais. Son buste à dr. ℞. NATVS. MDLX. OBIIT. MDCIX. Br. moderne 35 mm. TB.

53 *Victor Amédée III*. 1775. Médaille commémorative de mariage. Br. 49 mm. TB.

54 *Venise*. VOTA VRBIS ET ORBIS. Vue des Dardanelles. ℞. légende en douze lignes. Br. 42 mm. TB.

55 *Venise*. VENETIA. URBIUM. REGINA. Vue de la ville. ℞. Vue des lagunes. Br. 49 mm. TB.

56 *François Ier*. Empereur d'Autriche. Tête à g. ℞. Entrée à cheval à Milan. 1815. Br. 42 mm. TB.

57 *Victor-Emmanuel Ier*. L'Agriculture tenant l'étendard et l'écusson de Savoie. ℞. Légende dans le champ. 1815. Br. 42 mm. TB.

58 *Appiani* (André), peintre Sa tête à g. ℞. L'INSUBRE. APELLE DEL SECOLO XIX. dans une couronne. Br. 50 mm. TB.

59 *Murat*, roi de Naples. Sa tête à g. Br. 39 mm. TB.

60 *Léopold II*. Sa tête à dr. ℞. Vue d'un pont suspendu. 1836. Arg. 31 mm. TB.

60 *bis*. Francesco Pétrarca. Son buste lauré, à g. Médaillon de br. 128 mm. TB.

60 *ter*. Dante Alighieri. Son buste lauré, à dr. Médaillon br. 128 mm. TB.

MÉDAILLES ALLEMANDES

61 Buste du père d'Albert Dürer âgé, sans barbe, coiffé d'une calotte à bords relevés et vêtu à l'allemande, tourné à g. Devant, le monogramme d'Albert Dürer. Plomb uniface, 68 mm. Rare.

62 IACOBVS DE CORDES ÆTAT XXV. ANNO. MDXXXII. Buste de 3/4 à g. avec bonnet plat et vêtement à l'allemande. R'. Sans légende. Écu chargé de deux lions adossés, avec casque et lambrequins. Plomb 65 mm. B.

63 HIERONIMVS. DE. VEGHIS. ÆTAT. XXVIII. ANNO. MDXXXII. Buste barbu de 3/4 à dr. avec un bonnet plat et un vêtement fourré. R'. ET. DIV. IN. SENECTVTE. VIVANT. Écu casqué avec lambrequins. Un massacre de cerf ailé comme cimier. Plomb 65 mm. TB.

64 IO : RVDOLFVS. BLVMNEC. HER. SENIOR. ÆTAT. SVE. AN : L. 1565. Buste barbu, fraisé et habillé, à g. Plomb uniface 60 mm. B.

65 PAVLVS FOR.. DABACH. ÆTATIS. SVE. 57. 1553. Buste habillé, à dr. R'. Écusson sommé de deux casques dans une bordure d'anneaux. Arg. doré 32 mm. TB. Rare. Trouée.

66 IOAN. PISTOR. IONIDDAN. MINISTER. EVANGELII. D. N. I. C. A : ÆTAT. XXXIX. Buste habillé, à g. coiffé d'un chapeau à oreillettes. R'. COR. COTRITU E HVMILIATVM DEVS NO. RESPICIES. M. D. XLIII. en cinq lignes dans le champ. Br. 40 mm., très belle. Rare.

67 GEORGIVS. LOXANVS. SILESIVS. EQVES. Buste à dr. drapé et coiffé d'un chapeau plat. R'. ARMA. VIRVMQ. VIDES. OPERÆ. EST. COGNOSCERE VTRVNQVE. Trophée sommé d'un casque et chargé d'un bouclier ovale écussonné. Br. 44 mm. TB.

68 GERARDVS. HESSELT. DO. DE. PAR. RICHFYM. Buste fraisé et drapé, à dr. Au bas 1581. R'. OPE. DIVINA. Daniel dans la fosse aux lions. Au-dessus, le nom de Jehovah entouré de rayons. Br. 36 mm. B.

69 *Inconnue*. Buste de femme à dr., la coiffure relevée, la poitrine serrée dans un vertugadin chargé d'un écusson au lion, sommé d'un aigle à 2 têtes. R'. lisse. Br. 43 mm. B.

70 *Maximilien II*, roi de Bohême 1562. Empereur 1564 + 1576. MAXIMILIANVS. D. G. BOHE. REX. Buste jeune, à g. cuirassé avec la toison d'or (Armand, II, p. 237. 4 pour la tête). Plaque. Br. 68 mm. TB.

71 *Louis II*, roi de Hongrie, tué à Mohacz 1526. LVDO.VNGAR.BOHE.QVE. REGIS.ET.MARIÆ.REGINÆ.DVLCISS.COIVGIS.AC.PROCES.IN.FLAN. Bustes affrontés de Louis II et de Marie d'Autriche, tous deux coiffés de chapeaux. ℞. LVD.HVNG.BOEM.ZC.REX.ANV.AGENS.XX.IN.TVRCAS.APVD. MOHAZ.CVM.PARVA.SVORVM.MANV.PVGNAS.HONESTE.OBYT.MDXXVI. Combat de cavaliers (Armand, III. p. 210. G.). Br. 44 mm. Très rare. Très belle.

72 *Martin de Hanna*. MARTINVS.DE.HANNA. Buste à dr., âgé, vêtu d'une robe. ℞. SPES.MEA.IN.DEO.EST. Femme vêtue de draperies flottantes, à dr. élevant les mains vers le Soleil. A l'exergue LEO (*Leone Leoni*). (Armand, I, p. 165, 13.) Br. 70 mm. Très belle. Très rare.

73 ERNESTVS.BAVARIÆ.DVX. Buste nu, fraisé et drapé, à dr. ℞. OMNIA. Globe terrestre entouré d'étoiles. Au-dessus, un œil. Br. 35 mm. B.

74 *Rodolphe II*. 1576 + 1612. RVDOLPHVS.II.ROM.IMP.AVG. Buste nu, cuirassé et fraisé, à dr. ℞. SALVTI.PVBLICÆ. Aigle éployé (Armand, I, p. 269, 7). Br. 44 mm. TB.

75 *Médaille de mariage*. Légendes allemandes. Prêtre unissant un gentilhomme et une dame ℞. Deux mains soutenant un cœur. Arg. 44 mm. B.

76 *Médaille religieuse*. Légendes latines. David et Goliath. ℞. David et Jonathan. Arg. 43 mm. B.

MAISON D'AUTRICHE

77 *Marguerite d'Autriche*. MARGARETA.DE.AVSTRIA.D.P.ET.P.GERMANIÆ. INFERIORIS.GVB. Son buste à dr., sous le bras ÆT.45. ℞. FAVENTE DEO. 1567. Femme tenant une épée et une palme, debout à g. sur un rocher battu par les vents (Armand, II. p. 211. 41). Br. 60 mm. TB.

78 *Marguerite*, femme de Philippe III, 1599 + 1611. MARG.AVST.HISP. REGINA.RO. Buste couronné, habillé et fraisé, à g. ℞. lisse. Br. 44 mm. TB. *Inédite?*

79 *Marie-Thérèse*. Buste richement vêtu, à g. ℞. ET.MENTE ET.ARMIS. Minerve parmi les nues. Br. 54 mm. TB.

80 *Marie-Thérèse*. Son buste voilé à dr. ℞. PROFECTVI. Minerve assise donnant une pomme à un enfant. Br. doré 38 mm. et bélière. TB.

81 Médaille pour la délivrance de Vienne 1683. Vue de la ville. ℞. Aigle bicéphale sous une couronne. Br. 44 mm. TB.

82 — Victoire de Léopold et de Joseph sur les Turcs. L'Empereur accueillant le prince de Bade. R'. Victoire et trophée. Br. 49 mm. TB.

83 L'Empereur, le roi de Pologne et le doge de Venise. R'. 1684. Lion ailé, et deux aigles déchirant un chien. Br. 56 mm. TB.

84 — 1625. Le soleil éclairant le monde, au bas, un croissant brisé. R'. Soleil, L.M. épée brisant un cimeterre. Br. 42 mm. TB.

85 Médaille commémorative des excès des Français en pleine paix. 1688. Br. 45 mm. TB.

86 L'Empereur d'Allemagne élevé sur le pavois par des mains célestes. R'. Le roi de France s'humiliant devant les insignes impériaux. Br. 47 mm. TB.

87 Paix de Rastatt. 1714. Vue de la ville. R'. Colombes faisant leur nid dans un casque. Étain. 54 mm. TB.

88 *David de Stetten*. Viennois mort 1774. Étain 45 mm. B.

89 Ascension de l'aéronaute Lytgendorf à Vienne en 1786. Vue de Vienne et ballon. Étain. 47 mm. B.

BRUNSWICK, SAXE, ETC.

90 *Frédéric Ulrich*, duc de Brunswick. Écu à ses armes. R'. PROSPICIENTE. DEO. Lièvre broutant au pied d'un olivier. Br. 56 mm. TB.

91 *Jean-Frédéric*, duc de Brunswick. Buste drapé, à g., signé : I.F.TRAVANVS. R'. Palmier sur un rocher. Br. 50 mm. TB.

92 *Ernest-Auguste*, duc de Brunswick. Buste à dr. R'. Couronne et légende en 9 lignes pour son élévation à l'électorat, 1692. Br. 62 mm. TB.

93 *Ernest-Auguste*, duc de Brunswick. Buste à dr. R'. SOLA.BONA.QVAE. HONESTA.1695. Écu couronné. Br. 39 mm. TB.

94 *Ernest-Auguste*, duc de Brunswick. Buste à dr. R' Pyramide, 1698. Br. 64 mm. B.

95 *Georges-Louis*, duc de Brunswick. Buste en perruque, à g. R'. NEC. ASPERA.TERRENT.MDCC. Cheval au galop, à g. Br. 65 mm. TB.

96 *Jean-Frédéric*, duc de Saxe, né 1529, dépossédé 1567 + 1595. DVX. IOANNES.FRIDERICVS.CAPTIVVS. Buste barbu, à dr. Dessous, AN.AB' R'. ALLEIN EVANGELION.IST.ONE.VERLVST.1576. Écusson aux armes de Saxe (Armand, I, p. 272, 26). Br. 43 mm. TB,

97 CHRISTIAN.D.G.DVX.SAX.ET.ELEC. Buste nu, fraisé et drapé, à dr. R'. FIDE.SED.VIDE.AN.1588. Écu de Saxe sur un cartouche. Br. 33 mm. B.

98 *Jean-Georges*, duc de Saxe et Frédérique-Élisabeth. Leurs bustes à dr. ℟. Leurs chiffres sur un obélisque. Br. 59 mm. TB.

99 PRO LEGE ET GREGE. L'Électeur à cheval, à dr. ℟. Armes de Saxe. Br. 39 mm. TB.

100 Médaille Wurtembergeoise. Fête musicale, 1824. Br. 41 mm. TB.

101 Rhinocéros debout, à g., sous le soleil. Au bas, NVRNBERG. ℟. Légende italienne en dix-sept lignes, annonçant l'exhibition à Stutgard en 1740, par le capitaine Davidmont. Plomb, 40 mm. B.

102 *Lavater* Jean-Gaspard. Buste à dr. Étain, 37 mm. TB.

PRUSSE

103 *Frédéric-Guillaume*. Buste de trois quarts, à dr., cuirassé et drapé, avec les cheveux longs, dans un cartouche couronné, entre deux anges. ℟. Aigle couronné, éployé de face, avec 24 petits écussons sur les ailes et un sceptre en cœur. Br. 74 mm. B.

104 *Frédéric-Guillaume*, 1675. A.DOMINO.HOC.FACTUM EST MIRABILE EST IN OCULIS NOSTRIS. Bataille de Fahrbellin. L'Électeur renversant le général suédois Froben. ℟. Légende en quinze lignes. Br. 68 mm. Rare. TB.

105 *Frédéric-Guillaume*, margrave de Brandebourg. Son buste drapé, à dr. ℟. Aigle planant sur un globe. Br. 50 mm. TB.

106 *Frédéric III*, margrave de Brandebourg. Buste en perruque et cuirassé, de face. ℟. Kaiserswerth, Rheinberg et Bonn, délivrées des Français, 1689. Vues en 3 médaillons. Br. 42 mm. TB.

107 *Frédéric Ier*, roi de Prusse. Buste à dr. ℟. Couronne et sceptre sur un autel. Élévation à la dignité royale, 1701. Br. 59 mm. TB.

108 *Frédéric II*. Son couronnement, 1740. Aigle planant sur Kœnigsberg. Br. 54 mm. TB.

109 *Frédéric II*, roi de Prusse. Buste à dr. ℟. La Victoire sur l'Autriche et le siège de Prague, 1757. Br. 48 mm. TB.

110 *Frédéric II*. Buste de face. ℟. La bataille de Prague, 1757. Br. 37 mm. TB.

111 Légendes françaises. Buste de Frédéric II, à dr. ℟. Buste de Frédéric-Guillaume II, à g. Étain, 73 mm. TB.

POLOGNE

112 *Sigismond-Augustus*. SIGISMONDVS.AVGVSTVS.D.G.REX.POLONIÆ.M.DVX.LITVANLÆ.RVSSLÆ.P.M.ET. Buste barbu, couronné et cuirassé, à g.

R'. lisse (Voy. Armand, III, p. 279, F pour la tête). Br. 55 mm. TB. Trouée.

113 *Bonne Sforza*, reine de Pologne. BONA.SFORCIA.D.G.REGINA.POLONIÆ. Buste de 3/4, à g., avec le voile des veuves. R'. lisse (Armand, II, p. 183, 17). Plomb, 77 mm. B.

114 *Bonne Sforza*, femme de Sigismond Ier, 1518 + 1558. BONA.SFOR.DE. ARAG.REG.POL. Buste à g., avec un bonnet et un voile. Sur la tranche du bras, 1556.P. R'. lisse (Armand, I, p. 205, 100). Br. 53 mm. TB.

115 *Sigismond Ier*, roi de Pologne, 1506 + 1548. SIGISMVNDVS.P.REX. POLONIÆ.DVX.LYTVANIÆ.RVSSIÆ.PRVSS. Buste sans barbe., à dr., coiffé d'une calotte ceinte d'un bandeau. R'. ET.MAZOVIÆ.ETZ.ANNO. DN.MDXXXVIII.REGN.SVI.XXXII. Écusson à l'aigle de Pologne (Armand, III, p. 239, M). Br. 35 mm. TB. Douteuse.

116 *Ville de Dantzig*. Wladislas IV. Le roi, sous les traits d'Hercule, assommant Cerbère. Écu de la ville. R'. 1637. Deux aigles. Br. 47 mm. TB.

117 *Wladislas IV*. Buste couronné et cuirassé, à dr., tenant le sceptre et le globe. R'. Vue de Dantzig, 1644. Br. 47 mm. TB.

118 *Jean-Casimir*. Son buste cuirassé de 3/4, à dr. R'. Buste de 3/4, à dr. de la reine Louise-Marie-Gonzague. Médaille de couronnement. Br. 48 mm. TB.

119 *Jean-Casimir*. Buste lauré, cuirassé et drapé, à dr., avec le collier de la Toison d'or. R'. CÆLITVS.ORIGOR. Main céleste tenant une gerbe sur laquelle souffle le vent. Br. 40 mm. B.

120 *Jean-Casimir*. Son buste lauré et drapé, à g. R'. Même légende et type. Br. ovale 34 + 42 mm. et bélière. B.

121 *Jean III* (Sobieski). IOANNES.III.MAGNVS.REX.POL.&c. Buste avec moustache, couronné, à dr., couvert d'un manteau laissant voir un baudrier. R'. PAX.FVNDATA.CVM.MOSCIS. Sobieski debout, de face, donnant la main au czar de Russie, tous deux foulant un croissant. Au bas, 1666. Br. 65 mm. TB.

122 — Même buste avec IO.III.DACICVS.TVRC.TART.POLON.REX.MAX. R'. Même sujet avec MOSCHIS et à l'exergue, DECENNALIA.AVG. Br. 66 mm. Beau travail. TB.

123 *Sigismond Bathori*. Armes de Transylvanie. R'. VIRTVS.VNITA.VALET. Dans le champ, 1583. Br. 40 mm. TB.

124 *Radzivil* (la princesse Louise-Caroline). Son buste à dr. R'. Écusson au pied d'un arbre, duquel s'envolent des oiseaux. Au fond, une ville. Br. 41 mm. TB.

125 *Stanislas-Auguste*. Son buste couronné de chêne, à dr. R'. TERRORE. LIBERA, 1791. Génie et globe écussonné de Pologne. Arg. 44 mm. TB.

126 *Stanislas-Auguste.* Sans légende. Tête laurée, à dr. R̸. Inscription en quatorze lignes, dans une couronne de chêne, 1777. Br. 60 mm. TB.

SUÈDE, DANEMARCK

127 *Gustave-Adolphe.* GVSTAVVS . ADOLP . D . (G . S) VEC . GOTH . WAND : Q . REX . Buste lauré et drapé à dr. avec collet de dentelles. R̸. ET . VICTRICI-BVS . ARMIS . MDCXXIX. La Foi appuyée sur une ancre debout près d'un guerrier sous le tetragrammaton rayonnant. Br. ovale 37 + 45 mm. TB. percée.

128 — GVST : ADOLPH : D : G : SVECO : REX. Buste nu et drapé à dr. R̸. PERIT. VT . VIVAT. Phénix sur un bûcher. Br. 30 mm. TB.

129 — GUST : ADOLPH . D . G . SUEC : GOT : VAD : R . M : PRIC : FILAD : DUX ETHO : ET CARELIÆ . IGRIÆ D 9. Buste nu et drapé de 3/4, à dr. sur un cartouche orné. R̸. Le roi en costume militaire romain foulant des démons. Br. 55 mm. TB.

130 — GVST . ADOL . D . G . SWE . GOT . WAND . REX. 1627 (en creux). Même buste mais lauré. R̸. MARIA . ELEONORA . D . G . SWECO . GOTOR . WAND . REG. Son buste à g. Br. 38 mm. B.

131 *Gustave-Adolphe.* Buste lauré à dr. R̸. FELICITAS MVSARVM . VPSAL. Muse assise à g. Au bas MVNIF . AVG. Br. 32 mm. TB.

132 *Christine.* CHRISTINA ALEXANDRA. Buste casqué à dr. avec un sphinx pour cimier. R̸. En creux. Br. 90 mm. TB.

133 *Christine.* REGINA . CHRISTINA. Buste drapé, à dr. R̸. VICTORIA . MAXIMA . G . D. Victoire courant, à g. Br. 61 mm. TB.

134 — Autre. R̸. NEC FALSO NEC ALIENO . G . D. Soleil. Br. 61 mm.

135 — Autre. R̸. NE . MI . BISOGNA . NE . MI . BASTA . G . D. Globe terrestre. Br. 61 mm. TB.

136 — Variété avec sa tête à dr. R̸. sans G . D. daté 1680. Même globe. Br. 35 mm. TB.

137 *Charles XI.* Son buste casqué, à dr. R̸. 1776. Épée tranchant le nœud gordien et bataille. Br. 54 mm. B.

138 *Charles XI* et Ulrique Éléonore. Leurs bustes conjugués à dr. R̸. 1680. L'Amour entre la Foi et la paix. Br. 51 mm. TB.

139 — Mêmes bustes. R̸. Le soleil éclairant la lune placée entre 3 étoiles couronnées. Br. 37 mm. TB.

140 *Christian V*, roi de Danemarck. Son mariage avec Madeleine Sybille de Saxe. Leurs deux écus. R̸. Une Foi. Br. 47 mm. TB.

141 *Jacques Riies*, inspecteur des pauvres né à Copenhague 1689. Br. 37 mm. TB.

ANGLETERRE ET AMÉRIQUE

142 *Cromwell.* Buste lauré, à g. ℞. Berger sous un olivier. Br. 47 mm. B.

143 *Guillaume III.* Le roi couronné par la Victoire entre l'Irlande et la Hollande personnifiées. ℞. Arg. doré 53 mm. TB.

144 *Guillaume III.* Guerrière assise devant un portique. ℞. UNUS PUGNANDO RESTITUIT REM. Le roi entre la Bretagne et l'Irlande dans un navire. Br. 47 mm. TB.

145 *Georges III.* Buste à g. ℞. TELLVS.IACTABIT.ALVMNO. La Vérité aux pieds de laquelle un lion est couché et une ronde autour d'un arbre MDCCLIX. Br. 54 mm. TB.

146 *Clémentine*, reine d'Angleterre. Son buste à g. ℞. La reine fuyant dans un bige. Br. 48 mm. TB.

147 *Siège de Gibraltar.* Buste d'Elliot à dr. ℞. Vue de Gibraltar bombardé et assiégé. Arg. 42 mm. TB.

148 *Newton.* ISAACVS.NEWTONVS. Buste drapé à dr. ℞. QUÆRITUR.HUIC.ALIUS.M.DCCLXXIV. Br. 53 mm. TB.

149 — Même légende et buste à g. ℞. FELIX.COGNOSCERE.CAVSAS.MDCCXXVI. Femme assise. Br. 51 mm. TB.

150 *Pope.* ALEXANDER.POPE. Buste du poète à dr. ℞. POETA ANGLUS.MDCCXLI. dans un cartouche. Br. 54 mm. TB.

151 Buste vieilli et drapé, à g. ℞. lisse. Magnifique travail. Br. 62 mm. TB.

152 *Washington.* Le héros à cheval, à g. Médaille pour la victoire de Cowpens. 1781. Br. 45 mm. TB.

153 *Franklin.* BENJ.FRANKLIN.NATVS.BOSTON.XVII.JAN.MDCCVI. Buste à g. ℞. ERIPUIT CŒLO FULMEN SCEPTRUMQUE TYRANNUS dans une guirlande. Br. 45 mm. TB.

154 *Howard.* Combat. ℞. Légende relative au combat de Cowpens. Br. 45 mm. TB.

155 *Jones* (Paul), corsaire américain. Son buste habillé, à dr. ℞. Combat de deux vaisseaux. Br. 56 mm. TB.

HOLLANDE

156 IEHAN.BAPTISTA.HOWAERT.ÆT.45.1578. Buste barbu, fraisé et cuirassé avec l'écharpe, à dr. Sous le bras BRVXELLENSIS. ℞. HONDT.MIDDELMATE. Harpon ? tranversal portant un aigle, une rame dans une couronne

renfermant aussi une palme et la branche d'un compas, dont l'autre branche est sur une corne d'abondance penchée. Dessous, une tortue et une écuelle. Br. 62 mm. B.

157 *L'amiral Tromp.* MARTINVS.HERPENTI.TROMPIVS.EQVES.ET.THALASSAR.HOLLANDLE.XXAN. Buste de trois quarts à dr., cuirassé et drapé. R'. Combat naval. Br. 51 mm. B.

158 MAVRITIVS.AVR.PRINC.COM.NASS. — ET.MV.MAR.VE.EL.EO.OR.PERISCELIDIS. Buste de 3/4 à dr. avec fraise, cuirasse et écharpe. Plaque ovale. Br. 43 + 53 mm. et bélière. B.

159 HENR.CATH.PRINC.AURIACA. Buste décolleté à dr. R'. Double écusson couronné. Au bas 1681. Br. 31 mm. B.

160 *Guillaume III*, prince d'Orange.| ℟. Le prince galopant à g. Br. 38 mm. B.

161 — Prise de 130 drapeaux par le prince Maurice. Le prince à cheval. R'. Ville assiégée. Br. 54 mm. TB.

162 1602. Trois vaisseaux. R'. Le lion de Zélande sortant des flots, et cheval cabré sur un globe. Br. 50 mm. TB.

163 *Les États d'Utrecht.* Plan d'une ville. ℟. 1604. PLVS.QVAM.PERDIDIMVS. Autre plan. Br. 54 mm. TB.

164 *Funérailles de l'Archiduc Albert* à Bruxelles. 1622. Personnages portant un catafalque sous un dais. ℟. Dextrochère portant une épée laurée et banderolle. Br. 54 mm. TB.

165 Le lion des Pays-Bas entouré d'animaux nuisibles ou immondes qui prennent la fuite. ℟. 1629. Légende en treize lignes. Br. 58 mm. TB.

166 HENRY.DE.STEENHAULT ESCUYER.D.LIEV.WERB.FEL.Z. Son buste à g. R'. Ses armes. Arg. 49 mm. TB.

167 SIC.BELLI DISSIPABITUR.ARC. Monstre formé par deux hercules brandissant des massues. A gauche PAX, à droite BELLU. Légende circulaire : GERMANIA.SECU.IPSA.DISCORS. ℟. Légende en quinze lignes dans le champ. Br. 58 mm. TB.

168 ANTE.FAME.AUT.ASTU.VI.MODO.FACTA.VIA.EST. Dextrochère armé d'un glaive sortant des nuages. ℟. 1637. Légende en quatorze lignes sur un cartouche. Br. 69 mm. TB.

169 1645. Vue d'une ville assiégée. R'. Légende en onze lignes. Br. 65 mm. TB.

170 *Paix de Westphalie.* 1648. PAX HISPANO.BATAV. La Paix dans un char traîné par 2 lions. ℟. Légende en dix lignes. Br. 57 mm. TB.

171 *Paix entre l'Angleterre et la Hollande.* 1654. Neptune dans son char, tenant les deux écussons. R'. Légende en quinze lignes. Br. 58 mm. TB.

172 Deux femmes assises de face, soutenant en l'air un chapeau. A leurs pieds, le lion belgique. R'. Deux vaisseaux présentant leur poupe. Br. 59 mm. TB.

MÉDAILLES FRANÇAISES

173 *Louise de Savoie et Marguerite de Valois.* LOYSE DUCHESSE DE VALOIS COMTESSE D'ANGOLESME. Buste à dr. avec une coiffe descendant aux épaules. R'. MARGVERITE FILLE DE CHARLES COMTE D'ANGOLESME. Buste à dr., pareillement coiffé (Armand, II, p. 141, 13). Bronze 66 mm. B. Très rare, percée de deux trous.

174 *François Ier.* FRANÇOIS DVC DE VALOIS COMTE D'ANGOLESME . AV . X . AN . D . S . EA. Buste juvénile, à dr., la tête couverte d'un bonnet. R'. NOTRISCO ALBVONO STINGO EL REO MCCCCCIIII. Salamandre dans les flammes. (Armand, II, p. 187, 1). Br. 65 mm. TB. Rare.

175 *François Ier.* FR . FR . REGI . VICTORI . MAX . AC . VINDICI . OPT. Buste à dr., imberbe, les cheveux longs, coiffé d'un bonnet orné d'une plume. R'. F . NIBII . NOVAR . CVM . OB . EIVS . PATRIAM . HOMVMQ . SERVAT. Diomède nu, assis, à dr., tenant le palladium (Armand, II, p. 187, 5). Br. 48 mm. TB. Très rare.

176 *François Ier.* FRANCISCVS . FR . REX. Buste à g., tête nue, barbe courte et cheveux longs. R'. lisse (Armand, II, p. 188, 9). Br. 48 mm. TB. Très rare.

177 *François Ier.* FRANCISCVS FRANCORVM REX. Buste lauré et drapé, à g. ; devant, un sceptre. R'. FALLERIS . IAM . DATA . EST . FIDE. Homme assis au-dessus des flots. A dr., une femme s'adressant à lui. Ce revers est celui de Calderini par Galeotti (Armand, III, p. 106). Br. 40 mm. TB.

178 *François, dauphin*, fils aîné de François Ier, 1517 + 1536. FRANCISCVS. FRANC . DELPHI . BRITA . DVX . I. Buste à g., cheveux longs, coiffé d'un chapeau plat. Uniface (Armand, II, p. 189, 14). Br. 50 mm. TB. Très rare.

179 *Henri II.* HENRICVS . II . GALLIARVM . REX . INVICTISS . P . P. Buste lauré et cuirassé, à dr. R'. RESTITVTA . REP . SENENSI . LIBERATIS . OBSID . MEDIOMAT . PARMA . MIRAND . SANDAMI . ET . RECEPTO . MEDINIO . ORBIS . CONSENSV . 1552, dans une couronne de laurier (Armand, III, p. 285). Br. 53 mm. TB.

180 *Henri II.* HENRICVS . II . GALLIARVM . REX . INVICTISS . PP. Buste lauré, barbu et cuirassé, à dr. R'. OB . RES . IN . ITAL . GERM . ET . GAL . FORTITER . AC . FOELIC . GESTAS. L'Abondance et la Victoire, à dr., dans un quadrige

9

72

65

26

26

Etienne BOURGEY exp., 19, rue Drouot.

Phototypie Berthaud, Paris

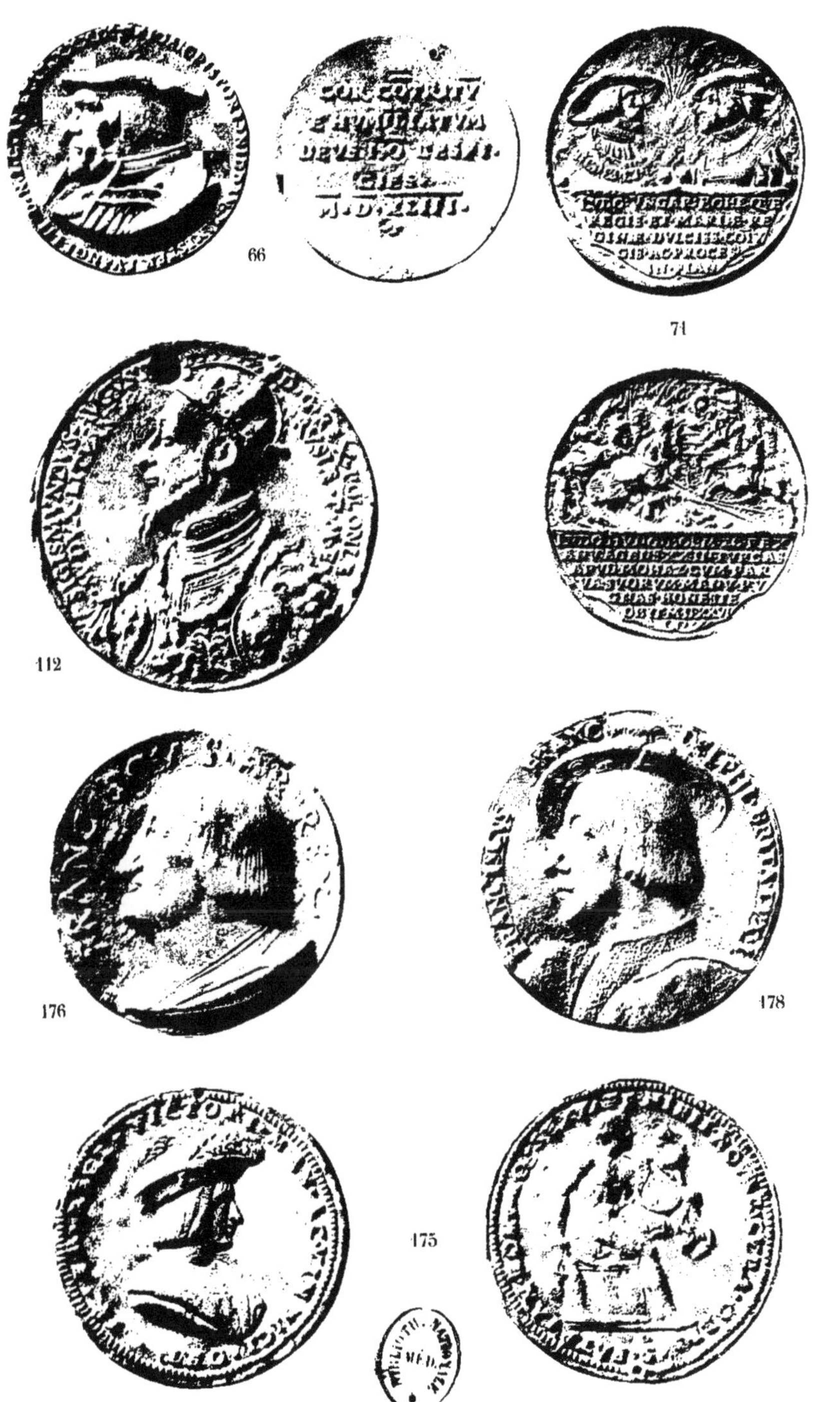

Etienne BOURGEY exp., 19, rue Drouot.

Phototypie Berthaud, Paris

conduit par la Renommée. A l'exergue, EX . VOTO . PVB . 1552 (Armand, III, p. 285, 2). Br. 54 mm. B., percée.

181 *Henri II*. HENRICVS . II . FRANCOR . REX . INVICTISS . PP. Buste lauré et cuirassé, à dr. ℟. TE . COPIA . LAVRO . ET . FAMA . BEABVNT. Variété du précédent. A l'exergue, XVIA (Armand, III, p. 285, 4). Br. 50 mm. TB., percée.

182 *Henri II*. Quatre têtes accolées, à dr., Henri II, Charles-Quint, César et Lucrèce. ℟. MAGIS VICI SED TIBI. Combat de deux cavaliers dont l'un est renversé avec son cheval (Armand, II, 91, 8, pour le ℟.). Br. 37 mm. B.

183 Bustes en regard de Henri II et de Catherine de Médicis. ℟. Buste de Charles IX. Br. 32 mm. TB.

184 *Henri IV*. Buste lauré et cuirassé, à dr. ℟. à double scène divisée par une ligne. D'un côté, HÆC CVNCTIS. Mains jointes au-dessus de soldats. De l'autre, HÆC MVLTIS. Mains tenant des fruits qui tombent sur une foule. Arg. 50 mm. TB.

185 *Henri IV*. Sans légende. Buste habillé, à dr., la tête nue. Plomb coloré, 60 mm. B.

186 HENRICVS . IV . FRANC . ET . NAVAR . R . CHRISTIANISS. Son buste lauré, fraisé, cuirassé et drapé, à dr. ℟. VICTORIA . YVRIACA . 1590. Trophée. Br. 42 mm. B.

187 *Henri IV*. Buste lauré, à dr. ℟. CATHALAVNENSIS . FIDEI . MONVMENTVM. Outillage de monnaie. Arg. 36 mm. TB.

188 HENRI IV ROI DE FRANCE ET DE NAV LE BIEN BON AMI DES ROCHELLOIS. Son buste à g. ℟. uni, plaque carrée, 70 mm. B.

189 HENRICVS . IIII . D . G . FRANC . ET . NAVAR . REX. Buste lauré et cuirassé, à g., avec le cordon du Saint-Esprit. ℟. MARIA . DE . MEDICIS . REG . FRANC. 1601. Buste à g., avec large collerette empesée (*Trésor num.*, pl. II, 4). Br. doré, 42 mm. B.

190 MARIA . AVG . GALLIÆ . ET . NAVARRÆ . REGINA. Buste à dr., sous le bras, G. DVPRÉ . 1613. ℟. SERVANDO . DEA . FACTA . DEOS. Vaisseau portant la bannière de France au mât, battu par la tempête. La reine, sous les traits de Cybèle, tient le gouvernail (*Trés. num.*, pl. V, 4). Br. 61 mm. TB.

191 *Marie de Médicis*. Légende rétrograde : MARIA . AVG . GALL . ET . NAVAR . REGINA. Buste drapé, à dr., le col en dentelles. Dessous, G . DVPRÉ . F . 1624. ℟. LÆTA . DEVM . PARTV. Cybèle entourée des dieux de l'Olympe (Coll. Pichon, 385). Br. 52 mm., et bélière. TB.

192 *Louis XIII*. LVDO . XIII . D . G . FR . ET . NA . REX . CHRISTIANISSIMVS. Buste couronné, cuirassé, avec le manteau royal. ℟. FRANCIS . DATA . MVNERA . CŒLI . 17 OCTOBRIS . 1610. Main sortant d'un nuage et tenant la Sainte Ampoule (*Trés. num.*, IV, 3). Br. 41 mm. TB.

193 LVDO . XIII . D . G . FR . ET . NAVAR . REX . CHRIS. Buste lauré, fraisé et cuirassé, à dr. Dessous, 1613. ℟. DAT . PACCATVM . OMNIBVS . ÆTHER . 1613. Marie de Médicis en Junon, assise sur l'arc-en-ciel (*Trés. num.*, V, 2). Br. 51 mm. et bélière. TB.

194 *Louis XIII.* Buste drapé et fraisé, à dr. ℟. 1623. La Justice assise, à dr. Coin de Dupré. Br. 60 mm. TB.

195 *Louis XIII.* Buste. ℟. DE . LA . 3 . PTE . DE . MRE . N . DE . BAILLEVL . PRÉSIDT . AV . PARLEM . 1628. Vaisseau. Br. 38 mm. TB.

196 *Louis XIII et Anne d'Autriche.* LVDOVIC . XIII . D . G . FRANCOR . ET . NAVARÆ . REX. Son buste fraisé et drapé, à dr. Exergue, G . DVPRÉ . F. ℟. ANNA . AVGVS . GALLIÆ . ET . NAVARRÆ . REGINA. Son buste à dr. Dessous, G . DVPRÉ . F . 1630 (*Trés. num.*, VI, 2-4). Br. 60 mm. Superbe.

197 ANNA . D . G . FR . ET . NAV . REG . RE . R . MATER . LVD . XIV . D . G . FR . ET . NAV . REG . CHR. Buste drapé et voilé de la reine, tenant sur ses genoux le petit Louis XIV. ℟. OB . GRATIAM . DIV . DESIDERATI . REGII . ET . SECVNDI . PARTV. Vue de la façade du Val-de-Grâce. Exergue : QVINTO . CAL . SEPT . 1638 (*Trés. num.*, XXII, 2). Br. 93 mm. et bélière.

198 Même avers. ℟. en creux. Br. 93 mm. TB.

199 *Bellièvre.* POMPONIVS . DE . BELIEVRE . FRANCLÆ . CANCEL . ÆT . 71. Buste drapé et fraisé, à g. Dessous, branche N . G . I . F. 1601. ℟. COLIT . HANC . RIGIDE . MODERATVR . ET . ISTAM. La Pitié et la Justice debout. A l'exergue : PIE . ÆR . PVB. (*Trés. num.*, LIII, 4). Br. doré, 55 mm. TB.

200 *Bouillon* (le cardinal de). 1644-1715. EMMANUEL . THEOD . CARD . BULLIONEUS. Buste coiffé de la mitre épiscopale. Dessous, G DVBVT . F. ℟. lisse. Br. 106 mm. TB.

201 *Robert Briconnet*, archevêque de Reims. ROB . BRICONET AR DVX . REMEN . PRIMVS PAR FRANCLÆ. Son buste, à dr., coiffé d'une calotte. ℟. lisse (Armand II, p. 85). Br. 55 mm. TB.

202 *Brulart.* F . NOEL . BRVLART DE SILLERI CHEVALIER DE L ORDRE DE S . IEAN DE HIERVSAL. Buste cuirassé, à dr., coiffé d'une calotte. ℟. INCLVSVS MVNDO SECLVSIT GAVDIA MVNDI (*Trés. num.* LX, 6). Écusson. Br. 52 mm. TB.

203 *Diane de Poitiers.* DIANA . DVX . VALENTINORVM . CLARISSIMA. Buste à g., décolleté, sa coiffe retombant sur le cou. ℟. OMNIVM VICTOREM VICI. Diane avec ses attributs, foulant l'amour (Armand II, p. 250, 10). Br. 50 mm. TB.

204 *Guillaume d'Estouteville.* G. DESTOVTEVILLA . EPIS . OSTI . CAR . ROTHO . S . R . E . CAM. Buste à dr. ℟. Sans lég. Écu cruciforme avec le chapeau de cardinal (Armand II, p. 40, 4). Br. 47 mm. TB.

205 *Le Brun.* CAR . LE . BRVN . EQ . IVS . REGIS . PICTOR . ACAD . CANCEL. Buste à dr. sous le bras. F . CHERON. ℟. ARTIVM . MATER . DIAGRAPHE. Femme burinant à droite, entourée d'instruments de peinture et de sculpture

(*Trés. num.*, pl. XXIX, 6. Br. doré, 69 mm. Cette médaille a souffert.

206 *Parisot de la Valette.* F.IOANNES.DE.VALLETE.M.HOSP.HIE. Buste cuirassé à g. ; sur la tranche du bras MARIVS. ℟. HABEO.TE. Éléphant, portant une tour avec une femme éplorée, entrant dans la mer au-devant d'un navire monté par un guerrier (Armand, I, p. 220). Br. 56 mm. B.

207 *De Riancé.* I.ARMAND.ABB.DE.LA.TRAPPE. 1675. Buste encapuchonné, à dr. Dessous, EX.IDEA. ℟. A TE QVID VOLVI SVPER TERRAM ? PS.12, dans le champ. Br. 51 mm. TB.

208 *Rostaing.* CHARLES.MARQUIS ET COMTE DE ROSTAING. 1652. Buste cuirassé à dr. ℟. NOSTRE GRAND COVRONNEMENT NE SE FAICT QVAV MONVMENT. Tombeau orné de figurines. A dr. Rostaing faisant signe à la mort de se retirer (*Trés. num.* LXIV, 7). Br. 64 mm. Superbe.

209 *Christophe de Thou.* 1508+1582. CHRISTOPHORVS.THANVS.P.P. Buste imberbe, à dr., collet rabattu. ℟. VT PROSINT.ALIIS NON VT.SIBI. Ruche entourée d'abeilles (Armand, I, 278, 17). Br. 60 mm. TB.

210 *Toyras* (le maréchal de). LE.MARESCHAL.DE.TOYRAS. Buste cuirassé, à dr., col en dentelles ; dessous, GVIL.DVPRÉ, 1614. ℟. ADVERSA.CORONANT. Le Soleil entouré de nuages (*Trés. num.* XIV, 3). Br. 57 mm. Très beau.

211 *Simon Vouet*, 1590-1603. SIMON.VOVET.PARISIENSIS.PICTOR. Buste à dr., drapé ; dessous. REG. ℟. lisse. Br. doré 63 mm.

212 *Le Cardinal de Berulle*, « né aux environs de Troyes, 1575-1629 ». EMI-CARD. DE BERULLE-ORAT.FUND. Son buste à dr. ℟. Buste à g. de Saint Charles de Boromée. Br. 57 mm. TB. Rare.

213 Plaque rectangulaire du XVIe siècle. Deux amours luttant. Au-dessous, arcs et carquois déposés sur le sol. Br. 64+97 mm. et bélière.

MÉDAILLES DIVERSES

214 *Louis XIV et Anne d'Autriche.* Buste du jeune roi. ℟. Buste de la reine Anne. Arg. 50 mm. avec bélière. TB.

215 *Citadelle et château de Marseille.* Buste de Louis XIV. ℟. M.DCLX MASSILIA ARCE MUNITA. Plan du château et de la citadelle au bord de la mer. Arg. 41 mm. TB.

216 *Les Invalides.* Buste de Louis XIV. ℟. 1675 MILITIBUS.SENIO.AUT.VVINERE INVALIDIS. Vue des Invalides. Arg. 41 mm. TB.

217 Restitution de l'ordre militaire de Saint-Lazare et Jérusalem. Br. 41 mm. TB.

218 *Institution de l'ordre de Saint Louis*. Le roi décorant un officier agenouillé. Br. 41 mm. TB.

219 **Louis XV.** *Ordre de Saint Michel.* Buste de Louis XV. R. 1729 REGIUS S^TI MICHAELIS ORDO. Saint Michel terrassant Satan. Arg. 41 mm. TB.

220 *Caisse d'Escompte.* 1776. Femme soulevant le couvercle d'un coffre. R. Mercure et femme assise sur des ballots. Br. 51 mm.

221 **Louis XVI.** Fédération martiale. 1790. Le temple de la Concorde devant un rocher. Arg. TB.

222 Monneron ou médaille du message du roi en 1791. B. FDC.

223 **République et Consulat.** Médaille donnée aux sous-officiers et soldats du régiment des Gardes françaises qui s'étaient trouvés au siège de la Bastille. Cadenas ouvert et chaînes brisées suspendues à un anneau. Décoration en forme de losange, avec anneau. (Hen. 34.) Or. Rare.

224 *Nicolas Poussin*. ÉCOLE FRANÇAISE. PREMIER PRIX DE PEINTURE AN V. Médaille au buste de Nicolas Poussin. (Hen. 796). Arg. 56 mm. TB.

225 Prix de l'Institut des sciences et des arts. 1796 (Hen. 727). Arg. 38 mm. TB. Rare.

226 Médaille donnée par François II d'Autriche aux soldats de Landsturm qui s'étaient distingués dans la guerre contre la France. 1797. Arg. 39 mm. bélière. TB.

227 1797. L'Amiral Duncan. Son buste à g. R. Capture de neuf vaissaeux. Br. 41 mm. TB.

228 1800. Bonaparte 1er Consul de la République Française. L'an VIII. Son buste à g. Unif. Arg. 58 mm. TB. Rare.

229 1802. Paix d'Amiens — Le retour d'Astrée. Buste de Bonaparte par Droz. R. Astrée descendant sur la terre. Arg. 40 mm., tranche inscrite. TB.

230 1802. Paix d'Amiens. Le marquis Cornwallis. Br. 38 mm. TB.

231 Paix d'Amiens 1802. Inscription en onze lignes. R. SIC POTENTI JUSTITIÆ PLACITUMQUE PARCIS. La Justice assise dans les nuages tenant une balance, des branches d'olivier et des palmes. Au-dessous un enfant sacrifié sur un autel allumé. A l'exergue, PAX TERRA MARIQUE AMBIAN etc. Arg. 45 mm. TB. Très rare.

232 1803. La ville de Lille au premier Consul. Médaille par Auguste. Br. 50 mm. TB.

233 1803. *Aux Arts.* Buste de Bonaparte. R. AUX ARTS LA VICTOIRE. La Vénus de Médicis. Arg. 41 mm. TB.

234 1803. Code Civil an. XII. NAPOLÉON EMPEREUR. Napoléon debout. R. Minerve debout. Arg. 41 mm. TB.

235 **1804**. Couronnement à Paris. Napoléon en grand costume porté sur un pavois par quatre chevaliers. Arg. 44 mm. TB.

236 **1805**. L'Amiral Collingwod. Son buste de 3/4. R. Bataille de Trafalgard. Médaille. Br. 38 mm. TB.

237 **1806**. Guil. Pitt. Son buste à g. R. Rocher battu par les flots. Br. 53 mm. TB.

238 Campagnes de 1806 et 1807. Les villes de Berlin, Varsovie, Kœnigsberg debout. Arg. 41 mm. TB.

239 **1808**. Arrivée des Anglais au Portugal. Médaille au buste de Wellington. Br. 41 mm. TB.

240 **1808**. Académie des Beaux-arts à Rome. La villa Médicis. Arg. 41 mm. TB.

240 *bis*. Napoléon et ***Joséphine***. Leurs bustes accolés, à g. Beau médaillon par Andrieu. Br. 138 mm. TB.

241 1812. Le Général Hill. Son buste à g. R. Minerve et une victoire planant dans les airs. A l'exergue, ALMARAZ MAY XIX MDCCCXII. Br. 41 mm. TB.

242 Décoration Russe donnée aux officiers de la campagne de 1812. Arg. TB.

243 Même décoration pour les soldats. Br. TB.

244 Décorations étrangères pour 1813 et 1814. 7 p. variées.

245 1813. *Lord Lynedock*. Son buste à dr. R. Mars debout. A l'exergue, S. Sebastian Aug. XXXI MDCCCXIII. Br. 41 mm. TB.

246 Bustes en regard de François d'Autriche et d'Alexandre de Russie. Alliance scellée à Leipzig en 1813. Cuiv. doré 33 mm, TB.

247 Médaille prussienne en l'honneur de l'intendant Riebentrop. Paris Br. 1814. 37 mm. TB.

248 1814. *G. Walker*. Son buste de 3/4. R. Chateaufort. Br. 41 mm. TB.

249 1817. *Wellington*. Son buste à dr. R. Vue des colonnades du Louvre. Br. 41 mm. TB.

250 *Murat*. La nouvelle place Murat à Naples. Br. 40 mm. TB.

251 *Bernadotte*. Son buste à dr. R. Inscription en neuf lignes. 43 mm. Arg. TB.

252 Passage de Mme la Duchesse d'Angoulême à Vendôme, en 1815. Arg. 27 mm. TB.

253 Arrivée des Cendres de Napoléon à Paris, 1840. Arg. 25 mm. TB.

254 **Louis XVIII**. Médaille concernant la naissance d'Henri V. Br. 52 mm. — 3 p. TB.

255 Henri V. IL NOUS RENDRA LA POULE AU POT. Paysans à table. Arg. 46 mm. dans un encadrement en cuivre doré. TB.

256 **Louis-Philippe**. Société d'agriculture du Rhône. Arg. 52 mm. TB.

257 Société des Amis des Arts de Lyon. Br. 81 mm. Palais de justice. Br. 47 mm. — Ens. 2 p. TB.

258 Prix décerné à M. Douville, instituteur à Montdidier, 1843. Arg. 56 mm.

259 Médaille de la Chambre des Pairs. Tête de Louis-Philippe laurée, à dr. Arg. 56 mm.

260 Médaille donnée pour actes de dévouement à *Feldinguet Antoine*, Tours, 1846. Arg. 38 mm., bélière.

261 Médaille donnée par le Ministère de la Marine et des Colonies à *Le Comte*, POUR AVOIR SAUVÉ UN MOUSSE QUI SE NOYAIT DANS L'ORNE. Goujon rond et couronne de chêne. Arg. 41 mm. TB. Rare.

262 Médaille offerte par les dames normandes aux députés flétris, 1844. Br. 67 mm.

263 Société académique d'architecture au buste de Philibert Delorme. Médaille avec bélière. Arg. 30 mm. TB.

264 1833. Berryer, député de la Haute-Loire. Son buste à dr. Br. 41 mm. TB.

265 Avènement de Louis-Philippe. Br. 72 mm. TB.

266 Grande médaille des chemins de fer, par Bovy. Br. 112 mm. TB.

267 *Filippo Buonaroti*. Sa tête à dr. Médaillon par David d'Angers. Br. 162 mm. TB.

268 *Royer Collard*. Son buste à dr. Médaillon par David d'Angers, 1830. Br. 155 mm. TB.

269 *Amable Tastu*. Sa tête à dr. Médaillon de David d'Angers. Br. 113 mm. TB.

270 *Riozard*. Sa tête à dr. Médaillon par David d'Angers. Br. 170 mm. TB.

271 **Napoléon III.** Médaille donnée par le Ministère de l'Agriculture, du Commerce et des Travaux Publics, à M. J. Claret en récompense, pendant le choléra de 1854. Or. 33 mm. TB. Très rare.

272 Médailles de députés, sessions de 1854-1859, avec les noms des titulaires. Arg. — Ens. 2 p. 51 mm. TB.

273 Médailles données en récompense pour actes de dévouement. Arg. 26 mm., avec bélières. 2 var. TB.

274 Médaille donnée par les commerçants de Milan aux blessés et malades de l'armée alliée franco-piémontaise, 1859. Arg. 31 mm. TB.

275 Première pierre de l'église de Fourvières. Br. 68 mm. TB.

276 **Troisième République.** Insigne maçonnique de la loge et chap. des Amis de la Patrie de l'O. de Paris. Arg. 28 mm. avec bélière. TB.

277 Médaille donnée par le Ministère de l'Intérieur pour acte de dévouement, en 1897, par Roty. Arg. 27 mm., avec bélière. TB.

278 Médaille donnée par le Ministère du Commerce et de l'Industrie pour récompense au travail. Arg. 32 mm., avec bélière. TB.

279 Médaille des Sauveteurs de l'Oise. Arg. 31 mm., avec bélière. TB.

280 Insigne maçonnique de l'Orient d'Épinal. Deux triangles enlacés. Avec bélière. Arg. TB.

281 Faculté de Médecine de Bordeaux. Prix de concours. Hippocrate écoutant les battements du cœur d'un mourant. Arg. 51 mm. TB.

282 Médaille donnée par le Ministère du Commerce et de l'Agriculture à M. le *Docteur Bourgade*, membre du conseil d'hygiène publique et de salubrité du Puy-de-Dôme. Arg. 50 mm. TB.

283 Hommage de la commission administrative de l'hospice de Murat au *Docteur Ponsan*. Arg. doré avec encadrement et bélière.

284 *Victor Plessier*, ancien député, président de la *Société de secours mutuels* de La Ferté gaucher. Son buste de face. Médaille par Max Bourgeois. Br. 100 mm. TB.

285 **Divers.** Chemin de fer de Arequita à Puno. Vue d'un train passant sur un pont dans un paysage très accidenté. Arg. 50 mm. TB. Rare.

286 Proclamation de Charles III d'Espagne, 1788. Arg. 55 mm.

287 Médailles aux bustes de Guttenberg et de Jean Faustus, inventeurs de l'imprimerie. Br. 42 mm. TB.

288 Shaskespeare. Son buste de 3/4, à dr. Médaille par Dassier. Br. 41 mm. TB.

289 Lot de médailles diverses. Br.

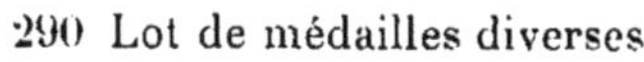

290 Lot de médailles diverses. Arg. — 9 p. TB.

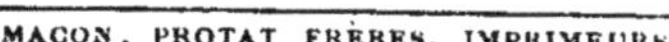

MACON, PROTAT FRÈRES, IMPRIMEURS

MACON, PROTAT FRÈRES, IMPRIMEURS

www.ingramcontent.com/pod-product-compliance
Ingram Content Group UK Ltd.
Pitfield, Milton Keynes, MK11 3LW, UK
UKHW021034260726
13994UKWH00005B/2146